AF454863

SOUVENIRS COMIQUES
de l'Armée de l'Est en SUISSE.

par

A. Meylan

IIème ÉDITION.

Prix Fr. 1.50

1871.

En publiant ces modestes Souvenirs Comiques, j'ai voulu consacrer par quelques Croquis, le Souvenir de cette malheureuse année de guerre et de larmes. Puissent les quelques pages qui suivent faire oublier à nos soldats de l'armée fédérale, les neiges du Jura et les rigueurs d'un service d'hiver, qu'elles leur rappellent par contre le devoir accompli.

C'est dans cette pensée que je livre à la vente et à la critique publique cet indigne Album.

A. M.

Patience! Patience! Il y en aura pour tous !

Comm ils sont entrés

Comme ils sont sortis.

Dis donc! je voulais parler à cette Helvétienne la bas —! elle prétend qu'elle ne comprend pas, sont ils bêtes ces gens là, voilà six semaines qu'on est ici, et ils n'ont pas encore pu apprendre un peu de français.

(Les biscuits français). Citoyen! ayez la bonté de me scier mon biscuit! — Merci mon ami, je n'ai pas envie de casser ma scie.

Voici mon ami des petits livres religieux pour vous distraire ! Merci Madame, mais je préférerais quelque chose de chaud.

Je vous jure sur ma barbe de sapeur que pour vous plaire Mamselle je déposerais à vos pieds jusqu'à mon plus cher ornement _ ma barbe même !
—— I verstah di nit !!

Dis donc Cuirassier
les Suisses ne découpent pas le tablier du sapeur
pour faire la soupe !

Quel est le gredin qui oserait
dire devant moi du mal des Suisses?

C'est avec des linges aussi sales que
vous essuyez vos gamelles ?
Y ne sont pas bien blancs, c'est vrai Mamselle,
mais faudrait voir <u>ceusse</u> des moblots.

Papa ! Papa ! voila not bonne
qui cause labas.

Pourquoi ces militairs portent ils tous des Ceintures ?
Mon enfant — co͞m̄e le gouvernement les tenait sur l'appétit on a pensé a propos de leur fournir le moyen de se serrer la taille —— Ah !

Vois tu mon vieux, tous vos malheurs ça provient de ce que vous n'avez pas de landwehr —— la landwehr c'est pour ainsi dire le plat de résistance d'un repas — c'est la landwehr quoi !

Malnourri et Dégraissé Mobiles de l'Isère après avoir rétabli la leur, commentent la Constitution fédérale.

Article 7. — Il n'y a en Suisse ni distinction de naissance, de caste, ou de grade —— Pensée supérieure, profonde, immense !!...

Prisonnier de guerre!

Prisonnier de guerre!... qu'est-ce qu'il y a
de tant effrayant à ça...... je me le demande!
la seule différence c'est qu'au lieu d'entendre crier
les Prussiens! les Prussiens! — on entend... la soupe! la soupe!

Je te demande un peu si notre Général
n'a pas eu une riche idée, de nous faire
entrer dans ces cantonnements.
Beaucoup de soupe et pas de Prussiens.
Justement le contraire chez nous!!!

Moi ce matin je n'ai eu que deux soupes
et trois tasses de café.
Moi j'ai eu deux tasses de café, une assiette
de soupe, trois tasses de Chocolat — ah! et puis
un paquet de cigares. ——

A la frontière on nous a enlevé nos chassepots,
heureusement qu'on nous a laissé çà !!

En a-t'on dit du mal de ces français ? Pour ma part voilà 4 fois que je vais au camp des Internés et je n'ai pas entendu le plus petit mot.

Il y a de nouveau, que Chanzy a battu complètement les Prussiens et leurs a fait 25,000 prisonniers. —— Mais pardon brigadier, vous tenez le Journal à l'envers ? —— Qu'est ce que ça peut vous faire espèce de cavalier !!

Les magasins de fourrage de la Confédération à Colombier!!!

Berne — Le Bazar — Vente d'objets au profit des populations victimes de la guerre.

C'est 5 frs le bouquet Monsieur!
mais vous pouvez mettre d'avantage —
nous acceptons tout ce qui est donné de
bon coeur!!

C'est bien fait, fallait pas qu'il y aille !!!

Suite du Bazar ou vente en faveur des victimes de la guerre.

Voici un charmant petit tableau (Lithographie de fr. 1.50) coté 25 fr. nous vous le laisserons à fr. 24.75.

Les vrais victimes sont bien ces malheureux pigeons qui passent entre trois rangées de syrènes brunes ou blondes, en laissant dans cette nouvelle forêt de Bondy un partie de leurs plumes.

Et vous mon ami ! que voulez vous ?
du café, de la soupe, du lait ou
du vin chaud ?
Ah ! mamselle, je prendrions ben un peu
de tout, y a ben trois jours que j'ai rien
mangé !!

Dis donc, Sidi Ben Maza Mahomed est-ce qu'on
file aujourd'hui ?
Moi pas filer, bonne soupe, moi pas maboul, (fou)
moi rester ici. —

Moi je me dis — quand on a du pain sur la planche, du linge propre, des souliers neufs — on aurait tort de se plaindre !

O ma mère !

Si vous entendez une sonnerie, vous ête sûr que c'est, ou pour le pain, ou pour la soupe, ou pour la promenade et vice-Versailles ; mais jamais pour l'exercice.

Nous avons beau dire, que nous avons pris un bain en entrant en campagne il y a trois mois —— ils n'y veulent pas croire, faut y retourner !! Impayables ces Suisses !

Voilà notre Lise! – je la reconnais!

Monument à élever par la Confédération dans les allées de Colombier.

Suite d'un cours de géologie donné aux Internés à Lausanne —— Les auditeurs ont peu compris, le Professeur part —— Un mobile monte en chaire —— Tas d'imbéciles! vous ne savez donc pas ce que c'est que la Géologie? Eh bien, la Géologie c'est la science de la terre, il y a trois sortes de terre —— La terre glaise, la terre de pipe, et la terre hospitalière, actuellement nous sommes sur cette dernière —— Vive la Suisse !!!

Guerrier de l'est, coupable d'avoir le 5 février 1871 mangé deux cordes — un panier — une paillasse. De plus complice dans l'affaire des arbres du Parc, circonstance atténuante — a perdu sa queue au combat d'Héricourt — éclat d'obus sur le dos.

Nouveau Mazeppa — Le petit Zouave de Colombier attaché ...... à la Colonne de chevaux pour avoir refusé l'exercice du balai.

Lieutenant, vous aurez 24 heures d'arrêts pour avoir fumé au lit! — Pardon Capitaine! je n'accepte pas d'arrêts en bonnet de coton. (Historique.)

Vois tu mon vieux si à Wissembourg on avait eu cent mille gaillards comme toi, on battait les prussiens à plate couture!!

Msieur ! si jamais les Prussiens attaquent la Suisse, les Mobiles de Bouzy le Têtu se lèveront comme un seul homme ! Je ne vous dis què çà !

Ma foi ! notre service consistait en première ligne à fournir des munitions aux Prussiens !

Ze préfère beaucoup sarmante personne me promener avec vous plutôt que de me samailler avec les prussiens.

A Lausanne — Mangez ce café mon ami, c'est celui de mon mari — aujourd'hui il s'en passera! Turco — Ah chez nous femmes bons enfants — ici — un quart d'heure de pose — femmes bons garçons !!

Combien votre nation est poëtique, vous voilà tous à courir les champs pour ceuillir des violettes, sans doute ?
Oh! non Madame c'est pour ceuillir de la dent de lion, on dit que c'est bon au printemps !

Ah! mon ami laissez moi vous serrer la main ! vous êtes un de ces Zouaves, dont l'univers parle avec admiration ! Vous étiez sans doute à Wissembourg. —
Non msieu ! Il y a que deux mois que je suis soldat et je n'ai jamais vu les prussiens.

Je vous demande un peu citoyens de la libre Helvétie si ce Bourbaki n'était pas un peu toqué de nous envoyer battre mes collègues et moi, dans un pareil état.

Hôtel et Pension d'etrangers

A LA CROIX BLANCHE

tenu par Mère Helvétie.

par sa tenue confortable cet Hôtel se recommande à M.M. Voyageurs —

Prix modéré, réduction pour les sociétés, air salubre —

www.ingramcontent.com/pod-product-compliance
Ingram Content Group UK Ltd.
Pitfield, Milton Keynes, MK11 3LW, UK
UKHW021036260726
13994UKWH00005B/2188

9 782329 046563